Lectura
¡Qué sorpresa!
Scott Foresman

¡Qué bien la pasamos!

Míralo de cerca

Juntos aprendemos

¡Me gusta!

Voy contigo

¡Qué sorpresa!

Scott Foresman

Conozcamos a la ilustradora de la portada
Maryjane Begin y su familia viven en Providence, Rhode Island, donde enseña a estudiantes universitarios y se dedica al arte. Muchas de sus ilustraciones, incluso las de lugares imaginarios, reflejan cosas de Providence.

ISBN 0-673-60551-5

Copyright © 2000 Addison-Wesley Educational Publishers Inc.

All rights reserved. Printed in the United States of America.

This publication is protected by Copyright and permission should be obtained from the publisher prior to any prohibited reproduction, storage in a retrieval system, or transmission in any form or by any means, electronic, mechanical, photocopying, recording, or otherwise. For information regarding permission, write to: Scott Foresman, 1900 East Lake Avenue, Glenview, Illinois 60025.

2 3 4 5 6 7 8 9 10-VH-06 05 04 03 02 01 00

¡Qué sorpresa!
Lectura
Scott Foresman

Autores del programa

George M. Blanco

Ileana Casanova

Jim Cummins

George A. González

Elena Izquierdo

Bertha Pérez

Flora Rodríguez-Brown

Graciela P. Rosenberg

Howard L. Smith

Carmen Tafolla

Scott Foresman

Oficinas editoriales: Glenview, Illinois • New York, New York
Oficinas de ventas: Reading, Massachusetts • Duluth, Georgia • Glenview, Illinois
Carrollton, Texas • Menlo Park, California

Contenido

¡Qué sorpresa!

Un sembrado increíble 10
texto informativo
por Deborah Eaton
foto por Meg Aubrey
Conexión: Ciencias

 ### El jardín 18
cuento fantástico clásico con animales
por Arnold Lobel
de *Sapo y Sepo, inseparables*
Conexión: Ciencias

Surco 31
poema
por Alma Flor Ada

Florencio, el muñeco amistoso 34
ficción realista
por David A. Adler
ilustrada por C.D. Hullinger

Julieta y su caja de colores 42
cuento fantástico
por Carlos Pellicer López

El rascacielos y el globo .. 66
ficción realista
por Carmen Tafolla
ilustrada por Sofía Balzola

¿Vives en un nido? 72
obra de teatro
por Carmen Tafolla
ilustrada por Lee Lee Brazeal

Unidad 6

La playa de soñar 92
ficción realista
por Marila Varela
ilustrada por Debbie Tilley

El cumpleaños de Sulín .. 98
ficción realista
por Amelia Lau Carling
ilustrada por Wong Herbert Yee

Las mañanitas mexicanas 123
canción tradicional

Clementino, Clotilde y Clodoveo 126
cuento fantástico con animales
por Ivar Da Coll

La flor silvestre 132
ficción clásica
por Cynthia Rylant
ilustrada por Suçie Stevenson

Juanita y Alex 152
ficción realista
por Juanita Havill
ilustrada por Michele Noiset

Leon y Bob 160
ficción realista
por Simon James

Hacer amigos 181
poema
por Eloise Greenfield

Glosario 184
Lista de palabras 189

Unidad 6

El que busca, encuentra.

Unidad 6

¡Qué sorpresa!

¿De dónde sacamos tan buenas ideas?

Un sembrado increíble

por Deborah Eaton
ilustrado por Meg Aubrey

Me llamo Cheyenne. Te invito a ver mi jardín. Está en el patio de mi casa.
¿Sabes qué he sembrado aquí?
No son flores, sino algo muy distinto.
¿Quieres saber qué es?

He sembrado pajareras. Comencé hace un año con varias semillas. Sembré con cuidado cada semilla en un tarro lleno de tierra blanda.

Pronto comenzaron a crecer unas plantitas. Apenas se asomaba una pequeña hoja de cada planta.

Después, mis pajareras crecieron hasta que no cabían en los tarros. Entonces las sembré en mi jardín.

No fue una tarea fácil. ¡Pero quedé encantada al ver crecer mis pajareras poco a poco!

Quisiera que mis pajareras crecieran más rápido. Como están en mi jardín, eso me obliga a verlas todos los días. Realmente he trabajado como un burro, pero valdrá la pena.

Esperé mucho tiempo. Las pajareras crecieron y dieron flores. Los tallos de las flores comenzaron a ensancharse y cambiaron a un verde oscuro. ¡Sabía que ésas serían mis pajareras! Fue increíble ver cómo había crecido cada pajarera de una sola semilla.

¡Mira cómo han crecido mis pajareras! Estoy asombrada. Las recogí y esperé a que se secaran de forma adecuada. Mi papá les hizo hoyos para que entren los pájaros. Yo les pinté diseños variados de color blanco, azul, verde y rojo. ¡Fue muy divertido!

Les hablé a mis amigos de mis pajareras. Les di semillas para que sembraran sus propias pajareras. También les di las instrucciones.

Ahora mira el resultado. ¿Te gustan nuestras pajareras pintadas?

Ahora sabes que de una semilla puede nacer una linda pajarera. Pronto vendrán muchos pájaros a nuestros jardines. Me gustaría que a mis pajareras llegaran muchos azulejos. ¡Son mis pájaros favoritos!

El jardín

por Arnold Lobel

Sapo estaba en su jardín.
Sepo pasaba por allí.
—¡Qué jardín tan bonito tienes, Sapo! —dijo.

—Sí —dijo Sapo—. Es muy bonito, pero da mucho trabajo.

—Me gustaría tener un jardín —dijo Sepo.

—Toma estas semillas de flores. Plántalas en la tierra —dijo Sapo—. Y en seguida tendrás un jardín.

—¿Pero cuándo? —preguntó Sepo.

—Muy pronto —dijo Sapo.

Sepo corrió a su casa.

Plantó las semillas.

"Ahora las semillas", dijo Sepo, "empiezan a crecer".

Sepo se puso a dar vueltas sin parar de un lado para otro. Las semillas no crecían.

Sepo acercó la cabeza al suelo y gritó:

—¡Eh, semillas, empiecen a crecer!

Sepo volvió a mirar al suelo. Las semillas no crecían.

Sepo pegó la cabeza al suelo y gritó con todas sus fuerzas:

—¡EH, SEMILLAS, EMPIECEN A CRECER!

Sapo llegó corriendo por el camino.
—¿Qué es todo este ruido? —preguntó.

—Las semillas no me crecen —dijo Sepo.

—Gritas demasiado fuerte —dijo Sapo—. Estas pobres semillas tienen miedo de crecer.

—¿Tienen miedo de crecer mis semillas? —preguntó Sepo.

—Pues, claro —dijo Sapo—.
Déjalas solas unos cuantos días.
Deja que les dé el sol,
deja que les caiga la lluvia.
Pronto empezarán a crecer tus semillas.

Aquella noche Sepo se asomó a la ventana.

"¡Caramba!", dijo Sepo.

"Mis semillas no han empezado a crecer todavía. Debe darles miedo la oscuridad."

Sepo salió al jardín con unas velas.

"Les leeré un cuento a las semillas", dijo Sepo.

"Así no tendrán miedo."

Sepo leyó a sus semillas un largo cuento.

Durante todo el día siguiente Sepo estuvo cantando canciones a sus semillas.

Y durante todo el día que siguió Sepo estuvo leyendo poesías a sus semillas.

Y durante todo el día que siguió al siguiente Sepo estuvo tocando música para sus semillas.

Sepo miró al suelo.
Todavía las semillas no habían empezado a crecer.
"¡Qué haré!", exclamó Sepo.
"¡Tienen que ser las semillas más miedosas del mundo!"

Entonces Sepo se sintió muy cansado y se quedó dormido.

—Sepo, Sepo, despierta —dijo Sapo—. ¡Mira tu jardín!

Sepo miró su jardín.
Del suelo brotaban plantitas verdes.

—Por fin —exclamó Sepo—,
mis semillas han perdido
el miedo a crecer.

—Y ahora tú también tendrás
un bonito jardín —dijo Sapo.

—Sí —dijo Sepo—, pero tenías
razón, Sapo. Da mucho trabajo.

Conozcamos al autor

Arnold Lobel

"En la punta de mi lápiz empieza todo un pequeño mundo", dice Arnold Lobel. Él escribió casi cien libros. Sus libros sobre Sapo y Sepo son los más famosos.

El señor Lobel observaba a sus hijos cazar ranas y sapos. Así se le ocurrió la idea de escribir sus cuentos sobre Sapo y Sepo.

Surco
por Alma Flor Ada

En el surco
la semilla arropada
como el niñito en la cuna.
Duérmete, semilla, hoy.
Despierta, planta, mañana.

Reacción del lector

Hablemos

Sepo les cantaba canciones y les leía poemas a sus semillas. ¿Qué harías tú para que las semillas crecieran mejor?

Una canción o un poema

1. Escribe una canción o un poema para las semillas de Sepo.
2. Canta la canción o lee el poema a tu clase.

Artes del lenguaje

Las cosas crecen

Una **oración** cuenta una idea completa. Tiene una parte que nombra y una de acción. Comienza con letra mayúscula.

Las preguntas empiezan con ¿ y terminan con ?.

¿Qué tiene Pablo en su jardín?

Las oraciones que cuentan algo terminan con un .

Pablo tiene flores y fresas.

Habla

¿Qué sembrarías en tu jardín? Responde con una sola oración.

Escribe

Escribe sobre lo que sembrarías en tu jardín. Revisa tus oraciones. ¿Cómo podrías mejorarlas?

Florencio, el muñeco amistoso

por David A. Adler

ilustrado por C. D. Hullinger

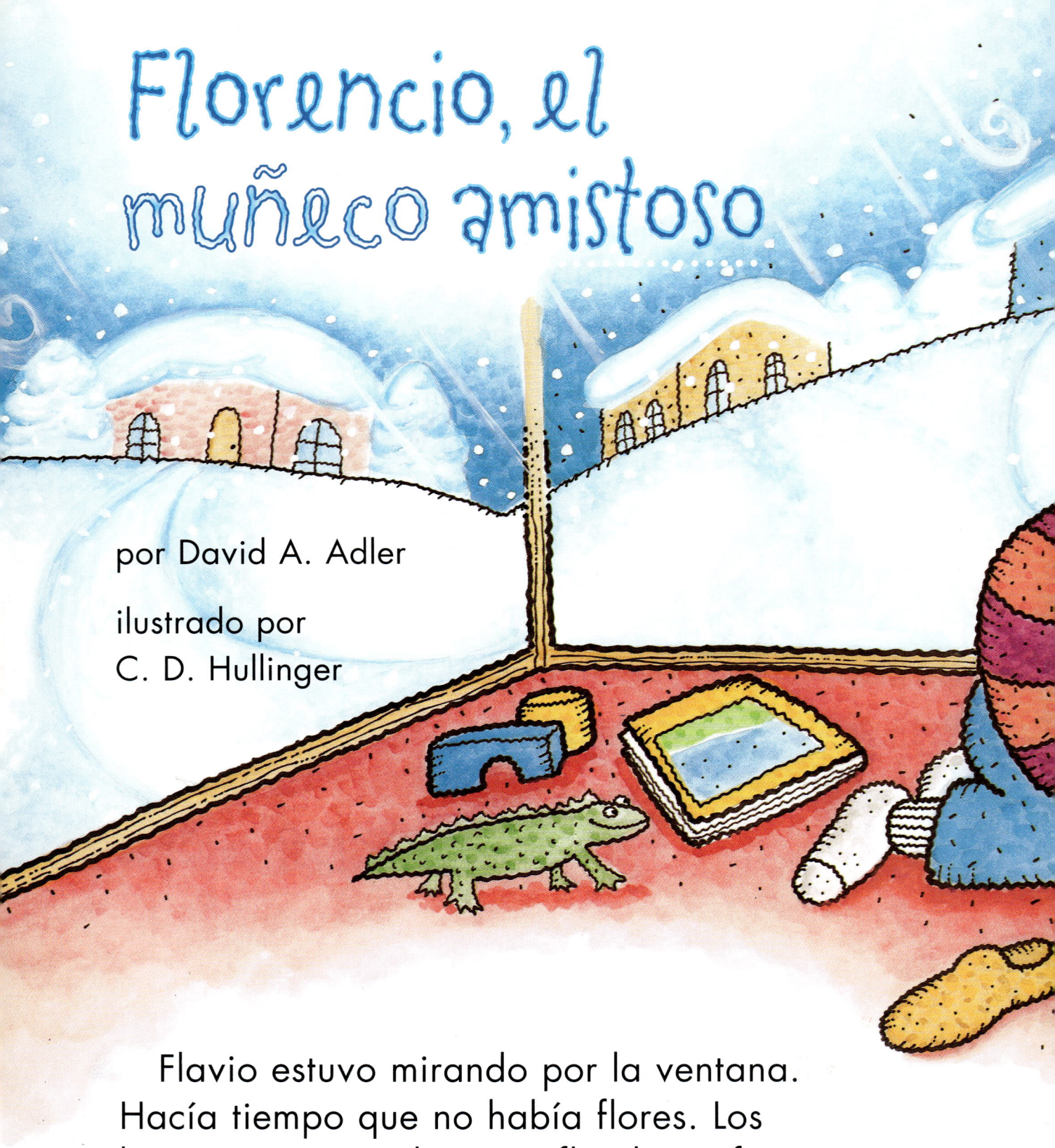

Flavio estuvo mirando por la ventana. Hacía tiempo que no había flores. Los hermosos copos de nieve flotaban afuera.

—Te llamó Carlos —dijo la mamá de Flavio—. No va a poder venir por tanta nieve.

—Pero Carlos dijo que vendría —dijo Flavio—. Me gusta jugar con él. Ayer jugamos a las escondidas y hoy queríamos jugar de nuevo.

Cuando dejó de nevar, Flavio salió a la calle a jugar un rato.

Pronto hizo un muñeco de nieve y lo llamó Florencio. Como Flavio era muy cariñoso, le puso una bufanda a Florencio para que no tuviera frío.

Flavio y Florencio jugaron a las escondidas. Flavio siempre encontraba a Florencio, pero Florencio nunca encontraba a Flavio. ¡Qué curioso!

Flavio le contó a Florencio un cuento famoso, y a Florencio le gustó. Después hizo dos conos de nieve, uno para Florencio y otro para él.

La mamá de Flavio lo llamó:
—Entra en la casa, Flavio.
Ven a tomar chocolate caliente
y a probar un delicioso flan que
preparé.

¡Qué mamá tan cariñosa!

Antes de entrar, Flavio le dijo a Florencio:

—Nos divertimos mucho hoy. Eres un buen amigo, como Carlos.

—¿De veras? —se escuchó una voz. Flavio se puso un poco nervioso.

—¡Florencio, puedes hablar! ¡Qué asombroso! —exclamó.

—¡Soy yo! —dijo Carlos, que estaba detrás de Florencio—. Dejó de nevar y vine a verte.

—¡Qué bueno! Entremos en la casa —dijo Flavio—. Jugar con Florencio es muy chistoso, pero jugar contigo es mucho mejor.

Julieta y su caja de colores

por Carlos Pellicer López

Cuando a Julieta le regalaron una caja de colores, no sabía cuánto se iba a divertir.

Una tarde que llovía, no pudo salir a jugar con sus amigos. Para no aburrirse, sacó su caja de colores y en una hoja de papel, empezó a pintar.

Pintó una ciudad que parecía de un cuento, de un país lejano, como si se hubiera hecho de un tablero de cuadritos de colores.

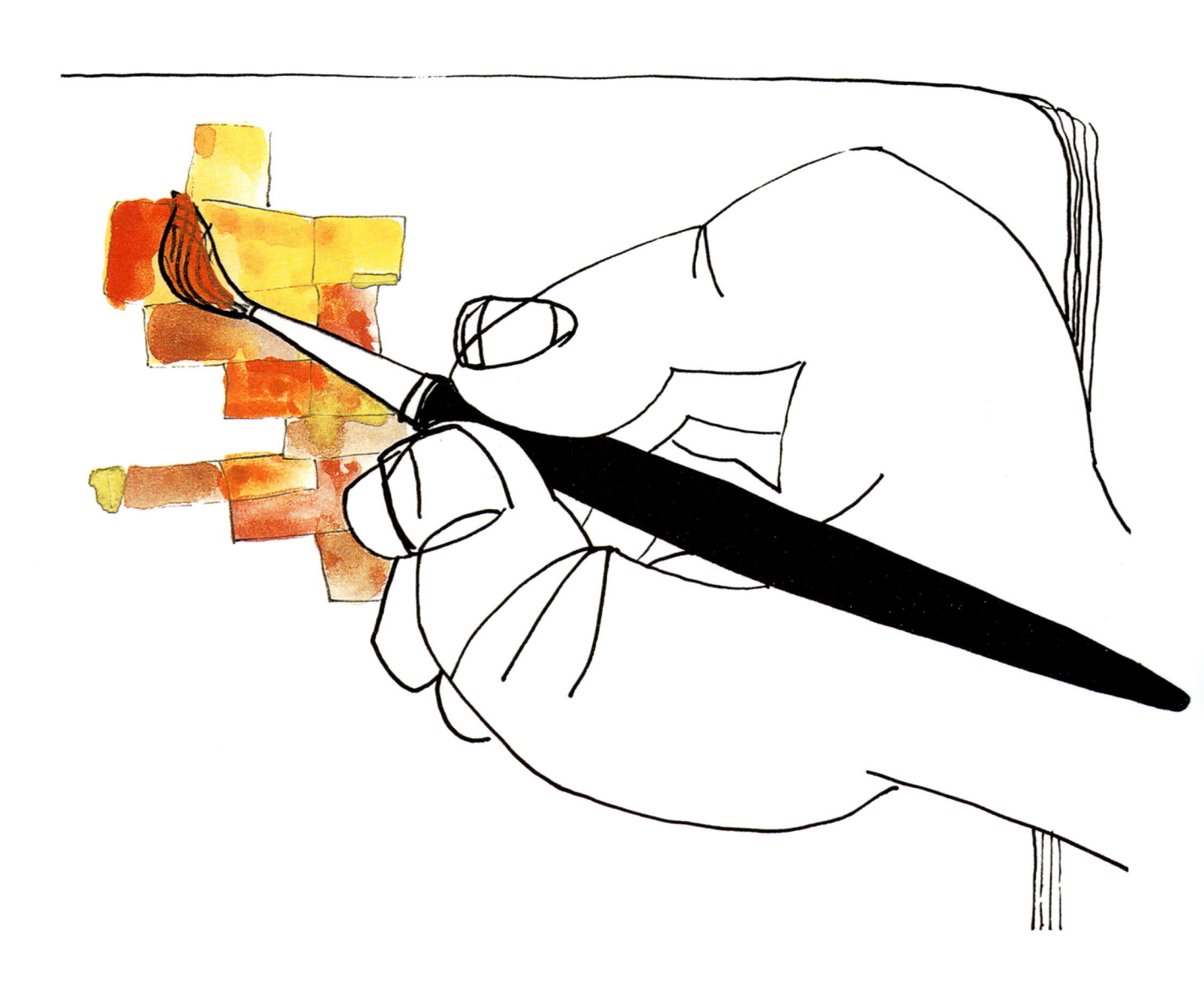

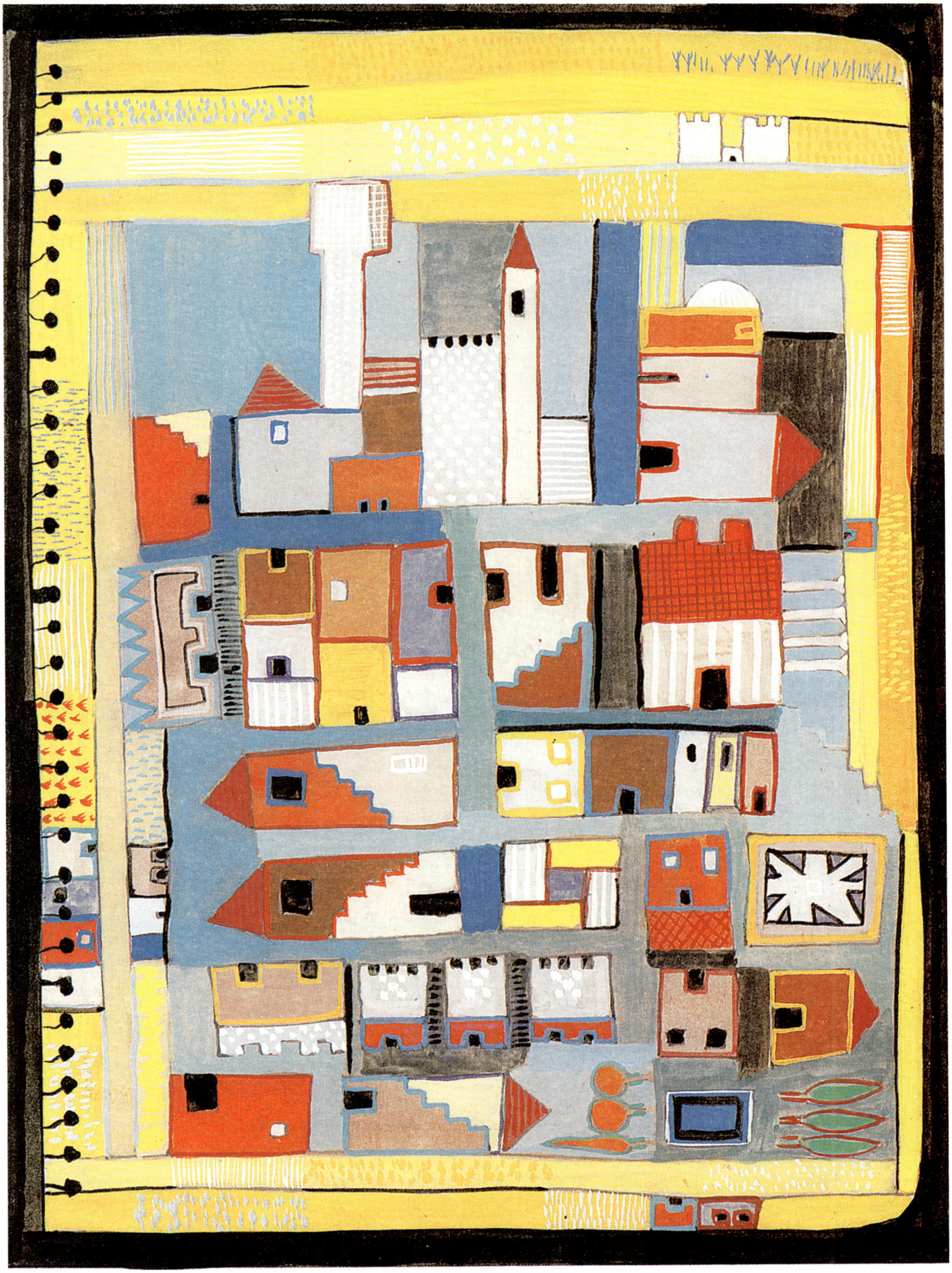

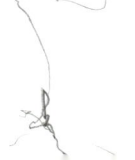

Al día siguiente, un día lleno de sol, quiso acordarse de la tarde lluviosa y poco a poco su hoja de papel fue llenándose de nubes y gotitas, hasta que vio una gran tormenta.

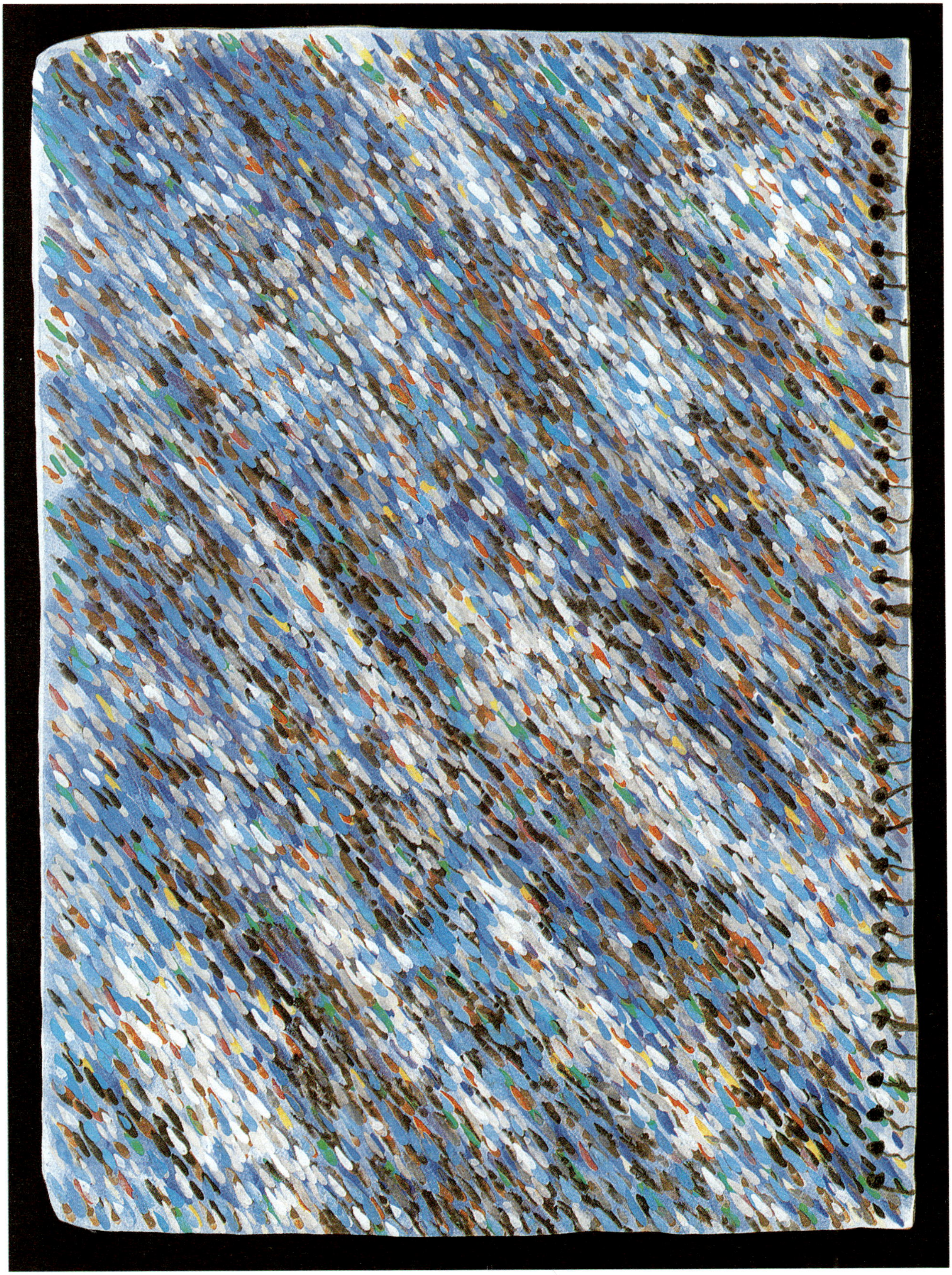

Julieta empezaba a divertirse mucho con su caja. Sentía que con ella podía ver en el papel lo que no tenía delante de los ojos.

Imaginó una fresa tan grande, que no cabía en el papel. Era enorme, jugosa, dulce y muy roja.

Cómo se rió cuando pintó un burro verde. ¡Se veía tan chistoso!

Y aunque ella sabía que los burros no son verdes, con su caja de colores sí podían serlo.

Un día, cuando se despertaba temprano para ir a la escuela, oyó cantar muchos pájaros en la fronda del pino que estaba frente a su ventana.

Todo ese día pensó: "¿De qué color es el canto de los pájaros?"

Por la noche antes de dormir, trató de imaginar con su caja de colores, aquello que había oído en la mañana. Y esto apareció:

Esa noche Julieta soñó cosas extrañas, tan raras como nunca había visto.

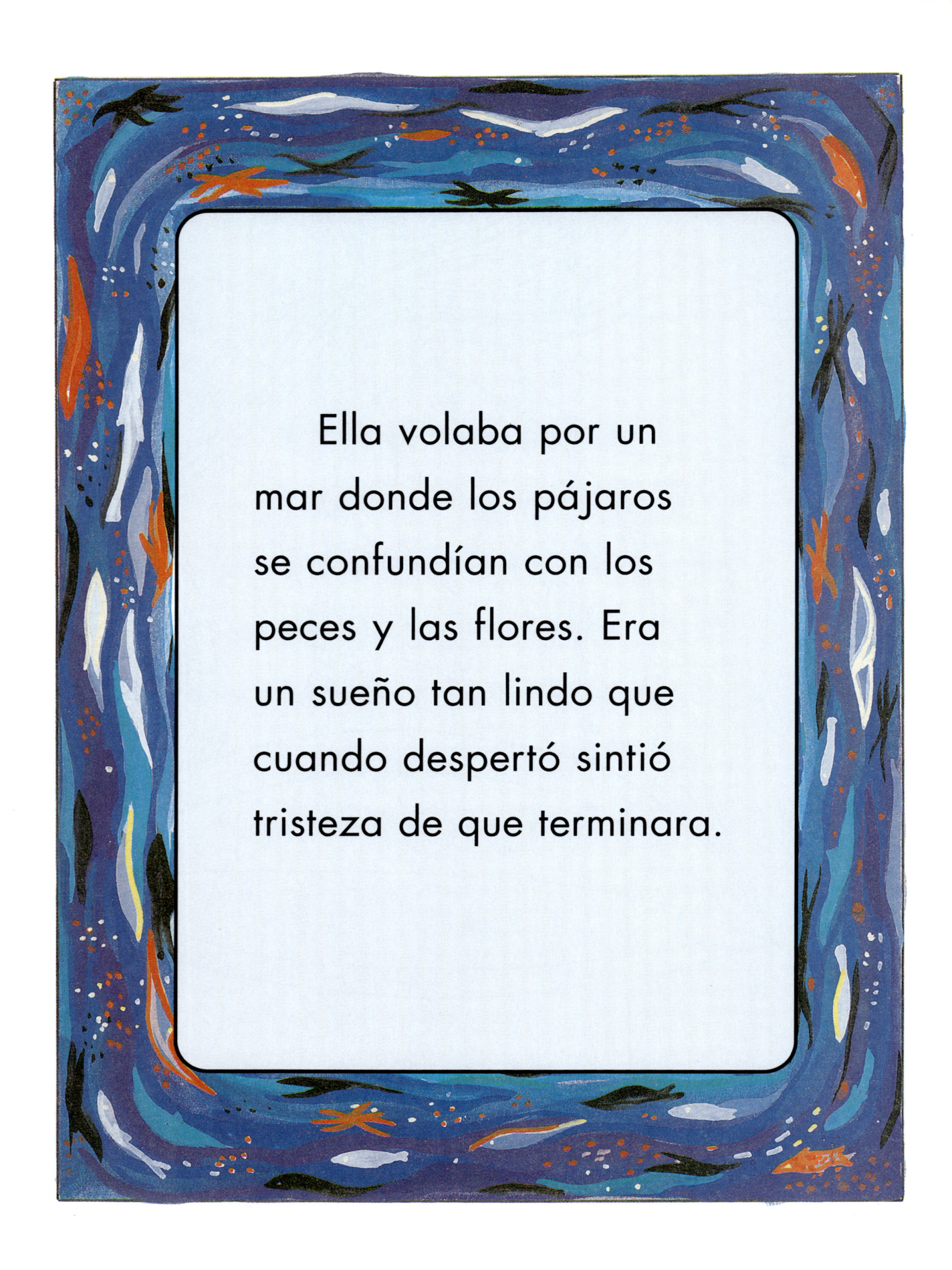

Ella volaba por un mar donde los pájaros se confundían con los peces y las flores. Era un sueño tan lindo que cuando despertó sintió tristeza de que terminara.

Pero trató de recordarlo
por la tarde, cuando regresó de la
escuela y sacó su juego preferido:
¡su caja de colores!

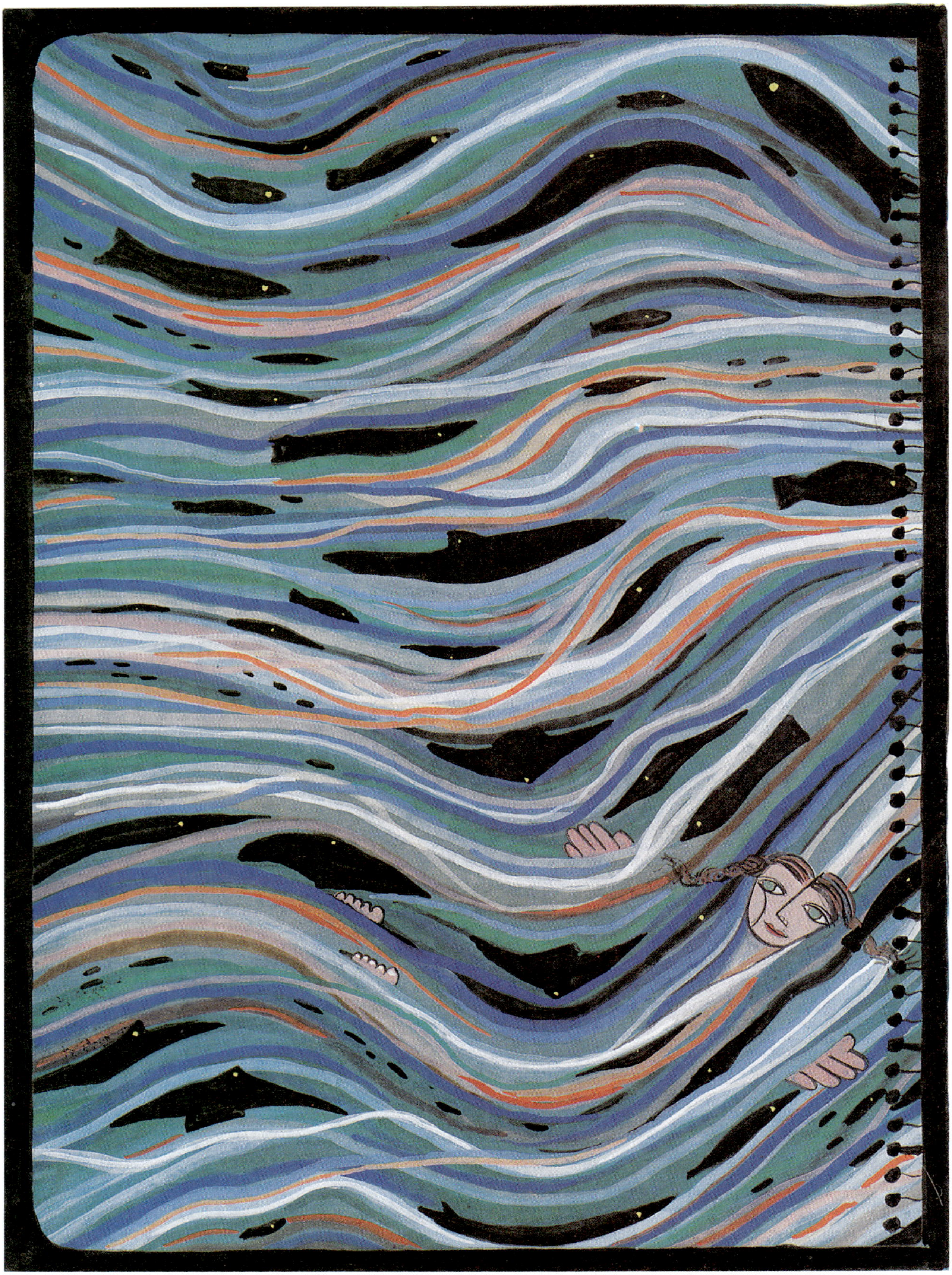

Entonces Julieta ya sabía que
su caja era mágica.

Porque como los magos que hacen aparecer conejos en los sombreros o barajas en el aire,

60

así ella, con sus colores, hacía aparecer ciudades, lluvias y frutas, burros de colores, cantos de pájaros y sueños en su cuaderno.

Saber pintar
es saber decir
las cosas.

Conozcamos al autor e ilustrador

Carlos Pellicer López vive en México y estudió pintura. Le gusta imaginar cuentos e historias para sus dos hijitos.

El señor Pellicer dice que para él lo más importante no es el tema de la historia, sino la forma en que se cuenta. Y lo más divertido es pintar los dibujos de los cuentos.

Reacción del lector

Hablemos

¿Cuál de los dibujos de Julieta te gusta más? ¿Por qué?

Pinta el gato

Julieta pinta el burro de verde. Pinta el gato de Julieta de una manera chistosa.

Artes del lenguaje

¡Me encanta pintar!

Las **oraciones exclamativas** expresan emociones.

Empiezan con ¡ y terminan con !.

¡Me encanta el color rosado!

¡Me divierto mucho pintando!

Habla

Di qué te gusta pintar. ¿Cuáles son tus colores favoritos?

Escribe

Dibuja un elefante rojo y una vaca azul. Escribe oraciones exclamativas debajo de cada dibujo.

65

El rascacielos y el globo

por Carmen Tafolla
ilustrado por Sofía Balzola

—¡Vamos a presentar un drama! —dice Gloria—. Un drama de un rey que vive en un rascacielos y no en un castillo. ¿Quién quiere ser el rey?

—¡Yo quiero ser un globo! —dice Carlitos.

—En este drama los personajes son un rey, un amigo, una abuela y un león. ¡No hay globo! —dice Gloria.

—Yo quiero ser el rey —dice Juan.

—¿Quién quiere ser el amigo del rey? —pregunta Gloria.

—¡Yo quiero ser un globo! —dice Carlitos.

—Yo quiero ser el amigo del rey —dice Pedro.

—Yo quiero ser la abuela del rey —dice Gloria.

—Yo quiero ser el león —dice Sandra.

—¡Yo quiero ser un globo! —dice Carlitos.

—Yo escribo el drama —dice Gloria—. ¿Quién tiene lápiz? ¿Quién tiene sacapuntas?

—Yo arreglo los trajes —dice Pedro—. ¿Quién tiene un mantel? ¿Quién tiene una regla?

—Yo arreglo el escenario con un rascacielos —dice Sandra—. Voy a usar cajas grandes.

—Ya está todo listo, pero se ve triste —dice Pedro.

—Sí, le falta color. Le falta algo bonito —dice Gloria.

—Ya sé —dice Juan—. Ven, Carlitos. ¡Rápido!

EL REY Y SU AMIGO

A la hora del drama, llegaron los abuelos y los padres, los amigos y vecinos.

Los niños actuaron sus papeles y no se olvidaron de su diálogo.

—¡Qué bonito! —dijo la abuela de Carlitos.

Y todos aplaudieron.

¿Vives en un nido?

por Carmen Tafolla
ilustrado por Lee Lee Brazeal

PERSONAJES

SALTAMONTES

RANA

TORTUGA

PERRO

CABALLO

LEÓN

PÁJARA

RANA: ¡Hola, Saltamontes!

SALTAMONTES: ¡Rana! ¡Rana! Pájara va a venir de visita.

RANA: ¡Qué bien! Pájara tiene un canto muy dulce.

SALTAMONTES: ¿Con quién se va a quedar?

RANA: ¡Que se quede conmigo!

SALTAMONTES: ¿Vives en un nido?

RANA: No, yo vivo en un estanque fresquito y muy bonito. ¡Hay muchas moscas que comer! Cuando llegue Pájara puede elegir la mosca que más le guste.

SALTAMONTES: No creo que Pájara quiera quedarse en un estanque. Necesita un lugar más calientito.

TORTUGA: ¡Hola, Saltamontes! ¡Hola, Rana!

SALTAMONTES: ¡Tortuga! ¡Tortuga! ¡Pájara va a venir de visita!

TORTUGA: ¡Qué bien! Pájara tiene un canto muy dulce.

SALTAMONTES: ¿Con quién se va a quedar?

TORTUGA: ¡Que se quede conmigo!

SALTAMONTES: ¿Vives en un nido?

TORTUGA: No, yo vivo en un campo cerca del estanque. ¡Hay mucho zacate verde! Cuando llegue Pájara podrá comer todo el zacate que quiera.

SALTAMONTES: No creo que Pájara quiera quedarse en el campo. Necesita un lugar más cómodo y redondo.

PERRO: ¡Hola, Saltamontes! ¡Hola, Rana! ¡Hola, Tortuga!

SALTAMONTES: ¡Perro! ¡Perro! ¡Pájara va a venir de visita!

PERRO: ¡Qué bien! Pájara tiene un canto muy dulce.

SALTAMONTES: ¿Con quién se va a quedar?

PERRO: ¡Que se quede conmigo!

SALTAMONTES: ¿Vives en un nido?

PERRO: No, yo vivo debajo de un árbol grande. ¡Hay muchos huesos enterrados debajo del árbol! Cuando llegue Pájara podrá elegir el hueso que más le guste.

SALTAMONTES: No creo que Pájara quiera quedarse debajo de un árbol. Necesita un lugar más alto.

CABALLO: ¡Hola, Saltamontes! ¡Hola, Rana! ¡Hola, Tortuga! ¡Hola, Perro!

SALTAMONTES: ¡Caballo! ¡Caballo! ¡Pájara va a venir de visita!

CABALLO: ¡Qué bien! Pájara tiene un canto muy dulce.

SALTAMONTES: ¿Con quién se va a quedar?

CABALLO: ¡Que se quede conmigo!

SALTAMONTES: ¿Vives en un nido?

CABALLO: No, yo vivo en un establo grande y muy bonito. ¡Hay mucho heno! Cuando llegue Pájara podrá elegir el heno que más le guste.

SALTAMONTES: No creo que Pájara quiera quedarse en un establo. Necesita un lugar más pequeño.

LEÓN: ¡Aaarrrrrr!

SALTAMONTES: ¿León? ¡Pájara va a venir de visita!

LEÓN: ¡Qué bien! Pájara tiene un canto muy dulce.

SALTAMONTES: ¿Con quién se va a quedar?

LEÓN: Yo soy el rey. No me gusta que me molesten otros animales, pero Pájara viene de visita. ¡Dejaré que se quede conmigo!

SALTAMONTES: ¿Vives en un nido?

LEÓN: No, yo vivo en una roca muy grande. ¡Hay muchos conejos que cazar! Cuando llegue Pájara podrá cazar el conejo que más le guste.

SALTAMONTES: No creo que Pájara quiera quedarse en una roca. Necesita un lugar más blandito.

LEÓN: Tienes razón. Pájara necesita un lugar más blandito.

CABALLO: Necesita un lugar más pequeño.

PERRO: Necesita un lugar más alto.

TORTUGA: Necesita un lugar más cómodo y redondo.

RANA: Necesita un lugar más calientito.

SALTAMONTES: ¡Lo que nuestra amiga necesita es un nido!

LEÓN: Caballo, ¿adónde vas?

CABALLO: Voy por un poco de heno. Vamos a hacer un nido para nuestra amiga.

TORTUGA: Gracias por el heno, Caballo. ¿Pero cómo vamos a hacer un nido?

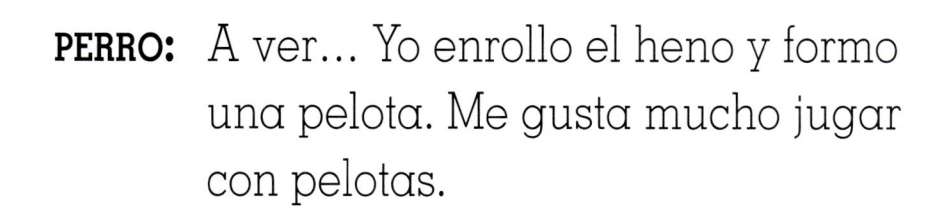

PERRO: A ver… Yo enrollo el heno y formo una pelota. Me gusta mucho jugar con pelotas.

RANA: ¿Qué haces, Tortuga?

TORTUGA: Yo voy a hacerle un lugar cómodo y calientito en el heno.

PERRO: Gracias, Tortuga. ¡Qué nido tan lindo!

LEÓN: ¿Dónde lo ponemos?

SALTAMONTES: ¡Yo sé dónde está el árbol más alto!

TORTUGA: ¿Y cómo lo subimos hasta lo alto del árbol?

RANA: León, agárralo con los dientes. Pónmelo en la espalda. Yo lo voy a subir de un salto. Voy a subir el nido de Pájara a la rama más alta.

PÁJARA: ¡Saltamontes! ¡Saltamontes! ¡Ya estoy aquí!

SALTAMONTES: ¡Hola, amiga! ¡Hicimos un nido para ti! ¿Te gusta?

PÁJARA: Es el nido más blandito, pequeño, alto, cómodo, redondo y calientito que he visto. ¿Quién de ustedes lo hizo?

CABALLO: Lo hicimos juntos. Y ahora hay algo más que podemos hacer juntos.

TODOS: ¡Una fiesta!

La función del primer grado

La clase de la Sra. Cruz presentó la obra "¿Vives en un nido?" Los niños vendieron boletos. Hicieron esta tabla para indicar cuántos boletos vendieron cada día.

Boletos vendidos

	Kerri	Luis	Sara	Adam
lunes	II	IIII		II
martes	I	III		III
miércoles	II		II	
jueves	I		IIII	
viernes	II	III	II	IIII

Hablemos

¿Quién vendió boletos todos los días?

¿Qué día vendieron más boletos los niños?

Conozcamos a la autora

Carmen Tafolla

Cuando Carmen Tafolla era niña, un día, antes de acostarse, su tía Esther le contó un cuento sobre una hormiga. Ese cuento le dio a la doctora Tafolla la idea para el cuento "¿Vives en un nido?" La doctora Tafolla escribió un cuento sobre un saltamontes, no sobre una hormiga. Pero no cambió una cosa: los animales de los dos cuentos trabajan juntos para que todos sean felices.

Reacción del lector

Hablemos

¿Qué animal de la obra fue el más amable? ¿Por qué lo dices?

Teatro de lectores

Lo que necesitas:

etiquetas con nombres

Lo que haces:

1. Trabaja en un grupo de siete niños y niñas.
2. Escojan quién va a leer las partes de Rana, Tortuga, Saltamontes, Perro, León, Caballo y Pájara.
3. Lean y representen la obra.

Artes del lenguaje

¡Represéntalo!

Un **mandato** es una oración que le dice a alguien que haga algo.

Empieza con mayúscula.

Termina con un **.** .

> León, agárralo con los dientes. Pónmelo en la espalda.

Habla

Da instrucciones para hacer el nido del cuento. Di los pasos en orden. Usa las palabras *primero, entonces, luego* y *al final.*

Escribe

¿Qué se hace para montar una obra de teatro? Escribe los pasos en orden. Usa las palabras *primero, entonces, luego* y *al final.*

La playa de soñar

por **Marila Varela**
ilustrado por **Debbie Tilley**

Es temprano. Ana y Juan se han levantado con un plan.

—¡A la playa! —dijo Juan.

—¡Sí, hace buen día! El cielo está azul —dijo Ana.

—Mamá, ¿nos llevas a la playa?
—preguntó Juan.
—Sí, cuando cumplan con sus tareas —dijo mamá—. Primero, a estudiar. Luego, como siempre, vamos a la playa.

—Ya cumplimos con las tareas —dijo Ana.

—¿Cuándo vamos a la playa? —preguntó Juan.

—¡Ahora! —dijo mamá—. Pero no olviden llevar el sombrero de soñar.

Cuando llegaron a la playa vieron a una amiga.

—¡Miren! Es Viviana —dijo mamá—. Invítenla a jugar.

Los tres amigos y mamá empezaron a jugar con el sombrero de soñar.

—Tiene que haber muchas cosas en el sombrero —dijo Juan.

—Veo… diez peces bailando y unas plumas volando —dijo Ana.

—Veo siete piedras brillando —dijo Viviana—, y tres amigos que quieren nadar.

Corriendo y riendo fueron hasta el agua. No se dieron cuenta de que con ellos iban diez peces bailando, unas plumas volando y siete piedras brillando.

¡Cuánto se divirtieron!

El cumpleaños de Sulín

por Amelia Lau Carling

ilustrado por Wong Herbert Yee

Pronto iba a ser el cumpleaños de Sulín.

Las invitaciones se enviaron por correo.

—Quiero planear mi fiesta. No me ayudes, mamá —dijo Sulín—. Va a ser una feria de juegos y de premios.

A Sulín le gustaba mucho inventar cosas.

Era un buen día de primavera. Sulín salió al patio con Meilí, su hermanita. Estaban muy emocionadas porque iban a preparar los juegos.

—Primero habrá una pesca de premios —decidió Sulín.

Llenaron la piscina de plástico con agua.

Inflaron muchos globos y a cada uno le ataron un juguete.

—Ahora vamos a inventar un curso de obstáculos —dijo Sulín.

Sacaron cajones de cartón y tuberías de plástico y los arreglaron por todo el jardín.

Hicieron listones de papel con los colores del arco iris y los envolvieron alrededor de un palo.

—Ésa será la meta —dijo Sulín al terminar.

—¿Para qué es todo esto?
—preguntó Meilí.

—Para el juego de astronautas
—contestó Sulín.

—La hamaca quedó bien tendida —dijo Meilí.

—Por turnos, vamos a dar vueltas en el cohete espacial —dijo Sulín.

—Y por último, hay que hacer la piñata —dijo Sulín—. Mi amiga Raquel siempre hace una para su fiesta.

Las niñas llenaron una bolsa con dulces y la colgaron de un árbol.

—Ojalá que las ardillas no se lleven los dulces —dijo Meilí.

Ya estaba todo listo. Sulín estaba muy satisfecha. Sería una fiesta espléndida.

En ese momento Sulín sintió una gota de agua sobre la cabeza. Pronto empezó a llover.

Sulín y Meilí entraron corriendo a la casa.

—¡Todo se ha arruinado! —lloró Sulín.

A toda carrera, subió a su cuarto y cerró la puerta.

Sonó el timbre. Eran sus amigos.

Al oír las voces, Sulín se tapó las orejas.

Pero su mamá le dijo: —Ven a ver cuántos amigos han venido.

—¡Feliz cumpleaños, Sulín! —dijo Miguel.

Luego llegó Ingrid… y después Raquel y Ana.

Sulín estaba rodeada de sus amigos.

—Pero vean —dijo con cara triste—, la lluvia lo ha echado todo a perder.

Entonces Meilí dijo: —Podemos jugar aquí mismo.

—Sí, sí —dijeron todos.

Colgaron una carpa de plástico para protegerse de la lluvia. Sacaron las sillas y se sentaron.

—Y ahora, ¿qué? —dijo Miguel.

Sulín dijo: —¡Vamos al espacio! ¡Atención! Estamos a bordo de un cohete. Nos vamos a un planeta frío, el planeta más lejos de aquí.

—El cohete despega. Diez, nueve, ocho, siete, seis, cinco, cuatro, tres, dos, uno… ¡Despegue!

—¡Ruum! —dijo Miguel.

—¡Raan! —gritó Meilí.

—¡Babum! ¡Babum! —gritaron Raquel y Ana.

Pasaron por un planeta. Luego otro y otro.

—¡Por fin llegamos! —dijo Sulín.

—Hace mucho frío aquí —dijo Ingrid.

—Y está muy oscuro —dijo Raquel.

—¡Necesitamos luz para poder salir!
—dijo Meilí.

Los niños saltaron de sus sillas.

—¡Qué oscuro! —dijo Miguel.
—¿Dónde están las linternas? —dijo Ana.

De pronto, apareció en la oscuridad un pastel con velas y rosas rojas, amarillas y azules.

Entonces los astronautas empezaron a cantar:

—¡Cumpleaños feliz!

¡Te deseamos a ti!

Cumpleaños, cumpleaños,

cumpleaños feliz.

Conozcamos a la autora

Amelia Lau Carling

La familia de Amelia Lau Carling es de la China. Un día sus padres se mudaron a Guatemala, donde ella nació y creció. Amelia Lau Carling cuenta e ilustra historias basadas en las experiencias de su familia.

Conozcamos al ilustrador

Wong Herbert Yee

El señor Yee empezó a dibujar a los seis años. A sus maestros y compañeros de clase les encantaban sus dibujos. Ellos lo motivaron a continuar. Su hermano mayor también es artista.

Las mañanitas mexicanas

Tradicional

Éstas son las mañanitas
que cantaba el Rey David,
a las muchachas bonitas
se las cantamos aquí.

Despierta, mi bien despierta,
mira que ya amaneció,
ya los pajarillos cantan,
la luna ya se metió.

Reacción del lector

Hablemos

Imagina que eres Sulín. ¿Qué hubieras hecho tú cuando empezó a llover?

Viaje espacial

Los niños del cuento imaginan que van en un viaje espacial. Lee la escena en voz alta con otros compañeros y compañeras. Cada uno debe representar a uno de los niños.

Artes del lenguaje

La mejor fiesta del mundo

Los pronombres toman el lugar de los nombres. Éstos son los pronombres:

yo   tú   usted   él   ella
nosotros   nosotras   ellos   ellas

Sulín tuvo una fiesta.
Ella tuvo una fiesta.
Ella toma el lugar de Sulín.

Usa **tú** al hablarle a alguien de tu edad.
Usa **usted** al hablarle a alguien mayor.

Habla

Cuéntale a un compañero o compañera sobre una fiesta de cumpleaños a la que hayas ido.

Escribe

Escribe acerca de un dibujo del cuento. Usa pronombres en vez de nombres de personas.

Clementino, Clotilde y Clodoveo

por Ivar Da Coll

La mañana estaba clara, sin una nube en el cielo. Clementino dijo: —Hoy voy a dejar la cama desordenada.

De pronto oyó un ruidito: *Clic, clac.*

¿Quién era?

Era la araña Clotilde que estaba tejiendo.

—¡Qué susto! —exclamó Clementino.
Clotilde ayudó a Clementino a tender la cama.

Clotilde y Clementino desayunaron.
Dejaron los platos sucios en el fregadero.
Luego Clotilde dijo: —Vamos a dejar la cocina desordenada.

Curiosamente oyeron un ruidito: *Cluc, cloc*.
¿Quién era?
Era el sapo Clodoveo que venía saltando.

—¡Qué susto! —exclamó Clotilde. Afortunadamente los tres se sintieron contentos de verse. Entonces limpiaron la cocina.

Los tres amigos sacaron sus bicicletas.
Casualmente escucharon un ruidito:
Cla, cle.
¿Qué era?
Era el viento. Todas las hojas del jardín estaban desordenadas.
—¡Qué susto! ¿Qué hacemos ahora? —exclamaron.

Rápidamente limpiaron las hojas. Cuando terminaron, Clementino, Clotilde y Clodoveo se montaron en las bicicletas.

Y se fueron de paseo cantando felizmente esta conclusión: —Es mejor dejar todo ordenado para no volver a sentirse asustados.

La flor silvestre

por Cynthia Rylant
ilustrado por Suçie Stevenson
versión en español de Alma Flor Ada

Cuando se derritió la nieve
y llegó la primavera,
Henry y su perrazo Mudge
jugaban afuera
todo el tiempo.

133

Henry había echado de menos
montar en bicicleta.

Mudge había echado de menos
masticar palos.

Estaban muy contentos
de que empezara a hacer calor.

Un día en que Henry y Mudge
estaban en el patio,
Henry vio algo azul
en la tierra.
Se le acercó.
—¡Mudge! —gritó—.
¡Es una flor!
Mudge se acercó lentamente
y olisqueó la flor azul.

Luego estornudó

frente a la cara de Henry.

—¡Ah, Mudge! —dijo Henry.

Más tarde, la madre de Henry
le dijo que aquella flor
era una flor silvestre.

—¿Puedo cogerla?

—preguntó Henry.

—¡Oh, no! —dijo su mamá—.
Déjala crecer.

Así que Henry no la cogió.

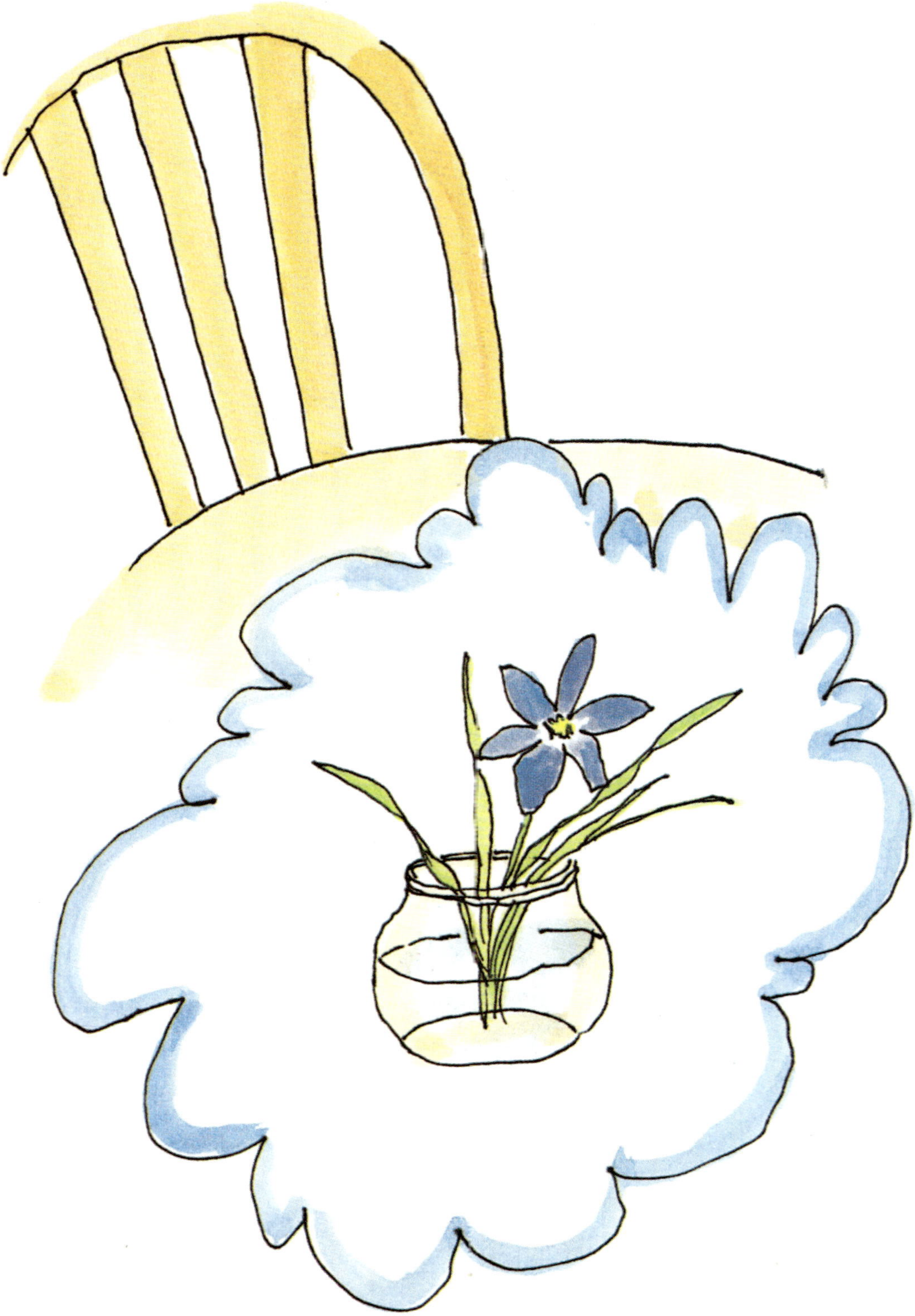

Todos los días

al pasar por el patio

veía la flor silvestre

azul y tan bonita.

Él sabía que no debía cogerla.

Trataba de no hacerlo.

Pero pensaba qué bonita

se vería en un jarrón.

Pensaba qué bonito sería

tenerla en casa.

Pensaba qué bonito sería

tener aquella flor silvestre

para él solo.

Y cada día iba con Mudge

a ver a la flor.

Mudge metía la nariz

en la hierba

alrededor de la flor silvestre.

Pero nunca la miraba

de la misma forma que Henry.

—¿No crees que la flor silvestre

ha crecido lo suficiente?

—le preguntaba Henry a su madre.

—Déjala crecer, Henry

—le contestaba ella.

¡Ay! Cómo quería Henry
aquella flor silvestre.
Y un día
decidió
que tenía que tenerla.
Así que agarró a Mudge
por el collar
y se detuvo
junto a la flor silvestre.

—Yo la necesito. La voy a arrancar

—le susurró Henry a Mudge.

—La he dejado crecer bastante tiempo.

Henry inclinó la cabeza y

le dijo a Mudge al oído:

—Ahora, la voy a arrancar.

Y Mudge movió el rabo,

le lamió la cara a Henry

y puso su bocaza

sobre la flor silvestre…

y se la comió.

—¡*No, Mudge!* —dijo Henry.

Pero era demasiado tarde.

Ahora en el estómago de Mudge había una flor azul.

—¡Dije *arrancar,* no *tragar!*

—gritó Henry.

Estaba enojadísimo porque

Mudge se había comido su flor.

Era la flor de Henry

y Mudge se la había comido.

Y Henry casi dijo:

—Perro malo.

Pero se contuvo.

Miró a Mudge

que lo miró a él

con dulces ojos pardos

y una flor en la barriga.

Henry comprendió que no era
su flor silvestre.

Sabía que la flor silvestre no era de nadie.

Sólo algo que debía crecer.

Y si alguien se la comía
era algo que había que aceptar.

Henry ya no se sintió enojado.

Abrazó la cabezota de Mudge.

—La próxima vez, Mudge
—le dijo—, trata de
escuchar mejor.
Mudge movió el rabo
y se lamió los labios.
Un pétalo azul
cayó de su boca
a la mano de Henry.
Henry sonrió,
se lo puso en el bolsillo
y se fueron a casa.

Conozcamos a la autora

Cynthia Rylant trabajó de bibliotecaria en una biblioteca infantil. Leyendo libros infantiles descubrió que quería escribir cuentos para niños.

La idea de escribir los cuentos de Henry y Mudge se le ocurrió al cuidar a su hijo Nate y a sus dos perros. "Sé mucho del frío, de los exámenes importantes, de los gatos felices y de los vientos fuertes", dice. "Y, sobre todo, sé mucho de los perros amorosos que babean".

Conozcamos a la ilustradora

Suçie Stevenson ha hecho todas las ilustraciones de los libros de Henry y Mudge. También ha escrito sus propios libros.

Suçie Stevenson vive con dos perros. Mientras dibuja, ellos duermen debajo de su mesa de trabajo. "Si se me olvida qué haría Mudge, sólo tengo que mirar debajo de la mesa", dice.

Reacción del lector

Hablemos

Si fueras Henry, ¿estarías enojado con Mudge? ¿Por qué?

Haz una flor de papel

Lo que necesitas:

papel de seda

un pedazo de alambre

Lo que haces:

1 Dobla tres hojas de papel de seda por la mitad.

2 Enrolla un pedazo de alambre alrededor del papel de seda.

3 Desdobla el papel.

4 Cuenta el cuento de Henry y Mudge con tu flor.

Artes del lenguaje

¿De quién es?

Hay palabras que dicen de quién son los objetos:

mi mío tu tuyo tuya

su suyo suya nuestro nuestra

Aparecen antes o después del nombre del objeto.
Se usan en vez del nombre.

Henry pensaba que ésa era **su** flor.
Él pensaba que era la flor **suya.**
La **suya** era azul.

Suya se usa en vez de flor.

Habla

Explica los dibujos de las páginas 142 y 143.
Cuenta lo que ocurre.
¿Qué sorprendió a Henry?

Escribe

Elige un dibujo de uno de tus cuentos.
Escribe acerca de él.
Explica lo que ocurre.

Juanita y Alex

por Juanita Havill
ilustrado por Michele Noiset

—Mi papá dice que nos vamos a mudar —dijo Alex.

—¿Adónde se van a mudar? —preguntó Juanita.

—No lo sé —respondió Alex.

—Tú eres mi mejor amiga —dijo Juanita—. Seguiremos siendo amigas igual que siempre.

—¿Y si me mudo al centro de la ciudad? ¡Tendré que ir a otra escuela! —dijo Alex.

—Cuando te mudes, sacaré dinero de mi alcancía. Iré en taxi o en autobús a visitarte. Será una gran experiencia —dijo Juanita—. Seremos amigas igual que siempre.

—¿Y si me mudo al otro lado del río? —preguntó Alex.

—Tomaré mis juguetes y cruzaré el río en un gran barco. Nadaremos en el agua y nos divertiremos mucho —dijo Juanita—. Seremos amigas igual que siempre.

—¿Y si me mudo más allá de las montañas? —preguntó Alex.

—Cruzaré las montañas para ir a visitarte. Será un viaje extraordinario —dijo Juanita—. Seremos amigas igual que siempre.

—¿Y si me mudo a un país que tenga otro lenguaje, como la China? —dijo Alex.

—Iré en mi avión hasta allá. Será curioso sentir el viento y ver las nubes —dijo Juanita—. Seremos amigas igual que siempre.

—¿Y si me mudo a un lugar extraño, como la Luna? —dijo Alex.

—Me haré astronauta y llegaré a la Luna en mi nave espacial —dijo Juanita—. Seremos amigas igual que siempre.

—¡Hola, niñas! —dijo el papá de Alex—. ¿Te explicó Alex adónde nos vamos a mudar, Juanita?

—No —dijo Juanita—. Pero no importa. Alex y yo seremos amigas igual que siempre.

—Juanita no tendrá que ir muy lejos para visitarte —dijo el papá de Alex—. Nos mudaremos a la casa de enfrente.

Alex le dio un gran abrazo a Juanita y ambas exclamaron al mismo tiempo:

—¡Seremos amigas igual que siempre!

LEON y BOB

por Simon James

Leon se mudó a la ciudad
con su mamá.
Su papá estaba lejos, en el ejército.
Leon compartía su cuarto
con su nuevo amigo, Bob.

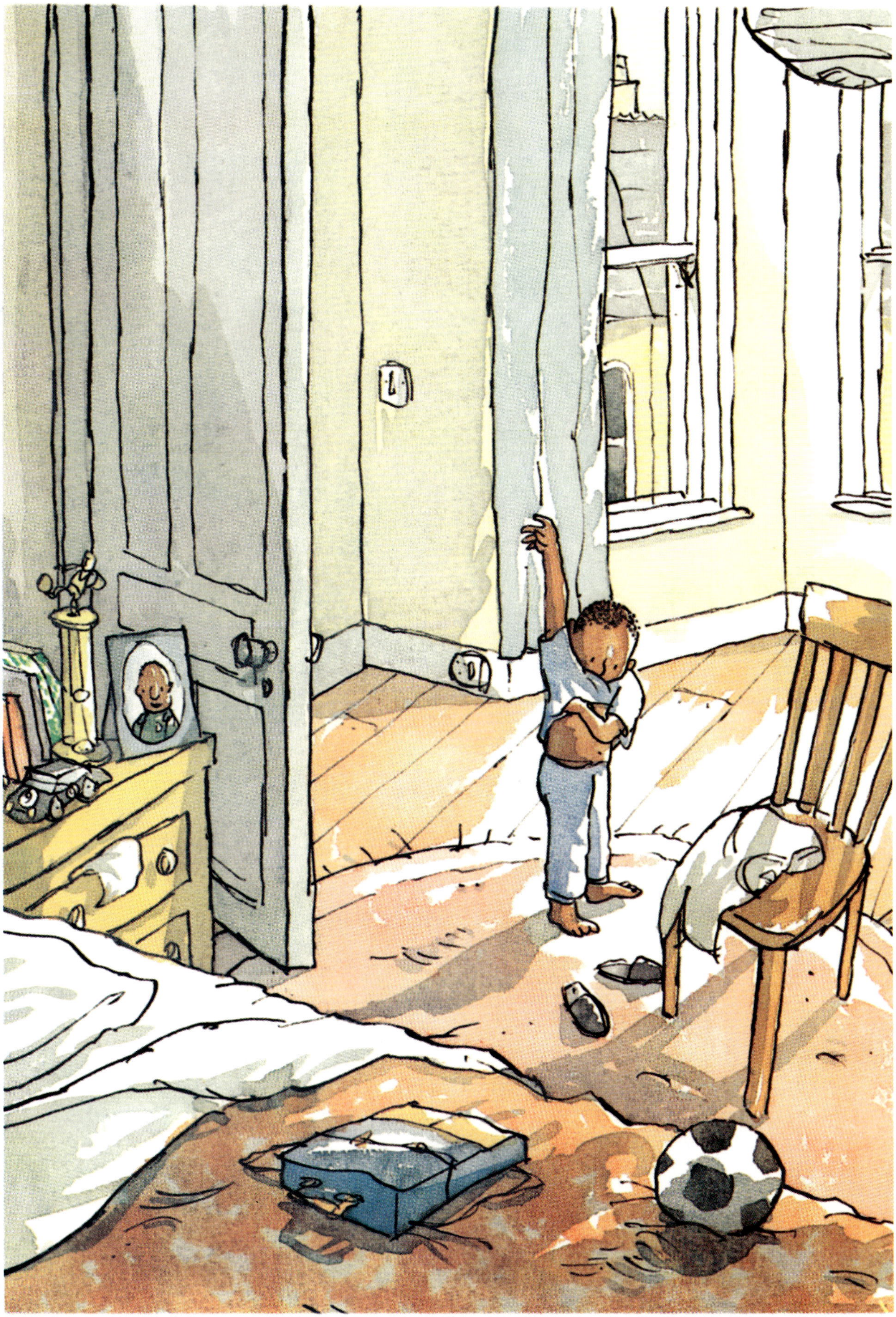

Nadie más podía ver a Bob,
pero Leon sabía que estaba allí.
Leon ponía siempre un puesto
para Bob en la mesa.

—¿Quieres más leche, Bob? —decía Leon.

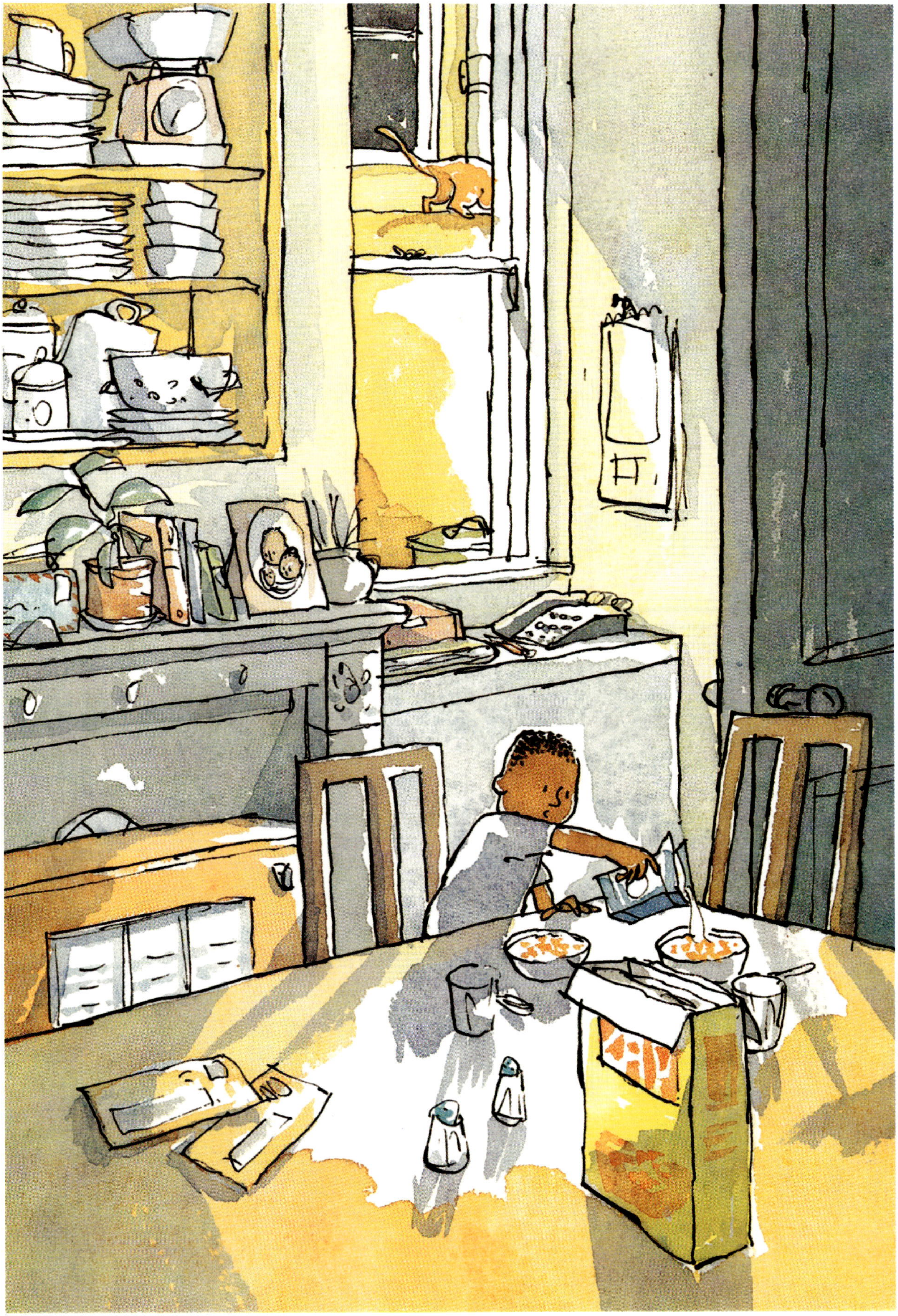

A veces la mamá de Leon
no lo podía llevar a la escuela,
pero a Leon no le importaba.
Él siempre iba a la escuela con Bob.
Siempre podía hablar con Bob.

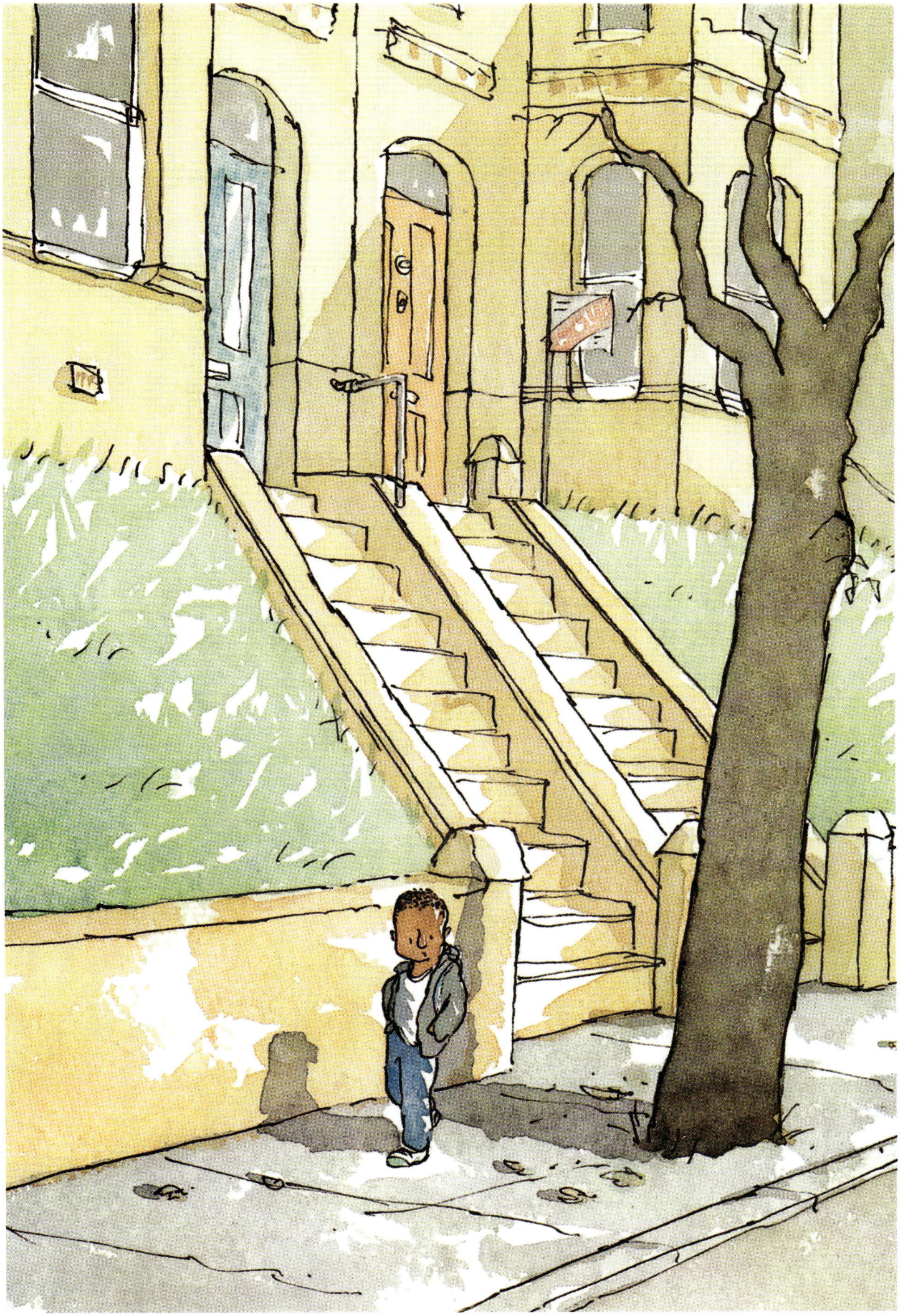

Casi siempre, cuando Leon llegaba a casa, encontraba una carta de su papá.
A Bob le gustaba oír a Leon leerla una y otra vez.

Un sábado, Leon oyó unos ruidos en la calle.

Vio que una familia se mudaba a la casa de al lado.

Un niño miró a Leon y lo saludó.

Leon también lo saludó.

Esa noche Leon no dejó de pensar en su nuevo vecino.

Decidió pasar por allí al otro día.

—Pero tendrás que venir conmigo, Bob —le dijo.

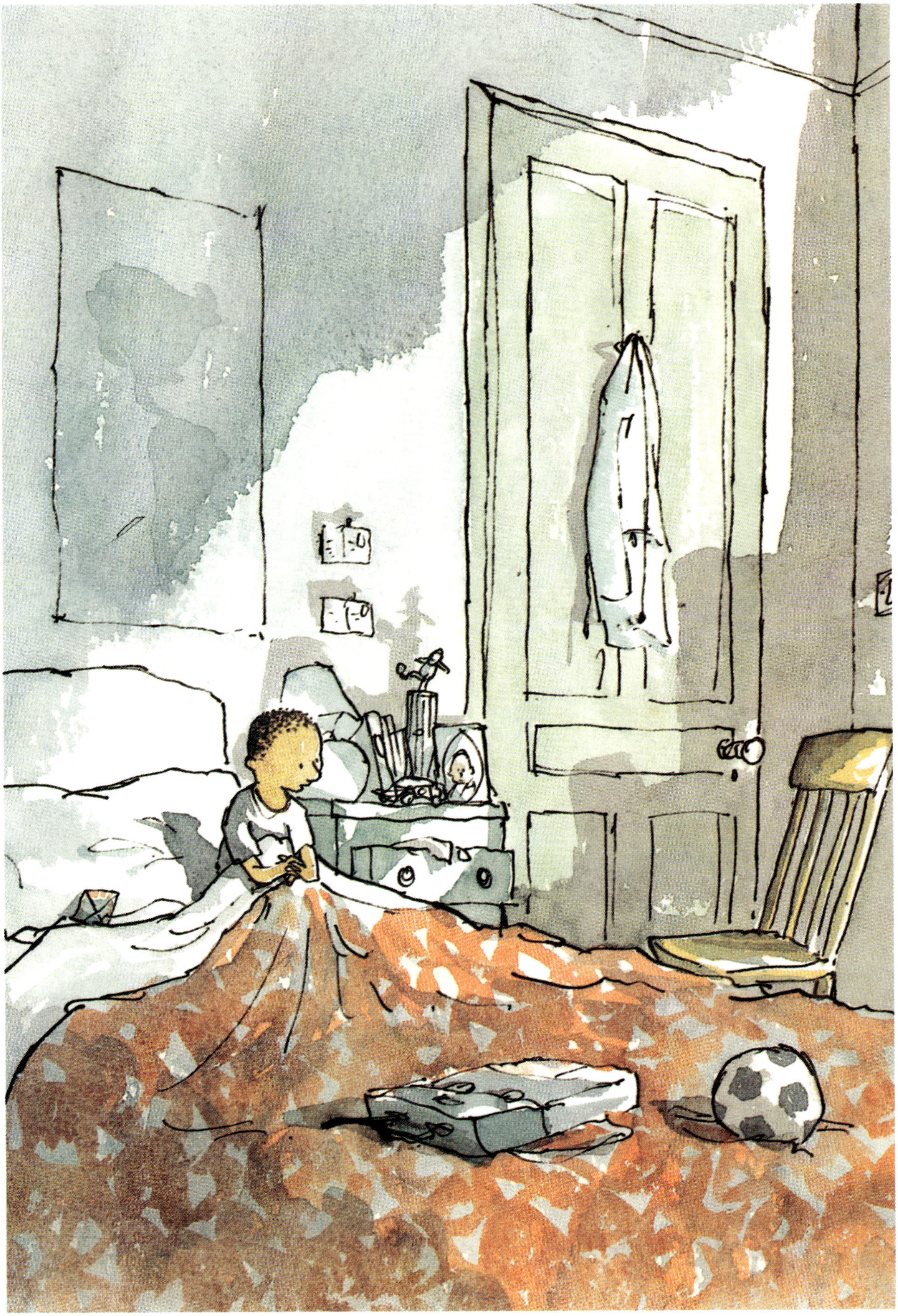

Al día siguiente Leon y Bob
desayunaron muy de prisa.
Luego Leon agarró su pelota
y bajó a la calle sin perder un minuto.

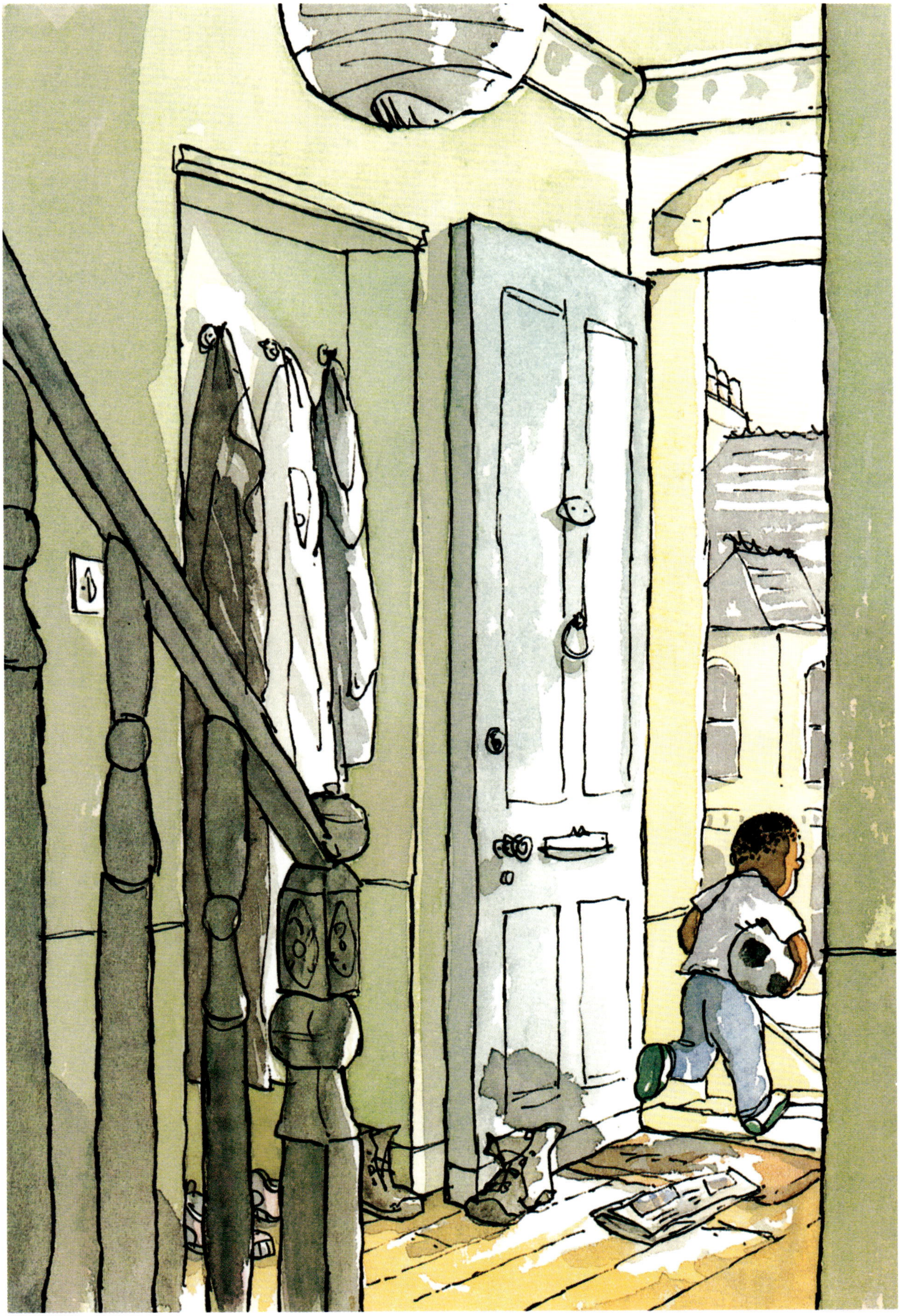

Leon subió los escalones

de la casa de al lado.

De repente, cuando estaba

a la mitad, se dio cuenta

de que Bob ya no estaba allí.

Leon se sentó.

Estaba solo.

Podía tocar el timbre

o podía irse a casa.

¿Por qué no estaba allí Bob

para ayudarlo?

Leon tocó el timbre y esperó.

La puerta se abrió.

—Hola —dijo el niño.

—Ho-o-ola —dijo Leon—. ¿Quieres ir al parque?

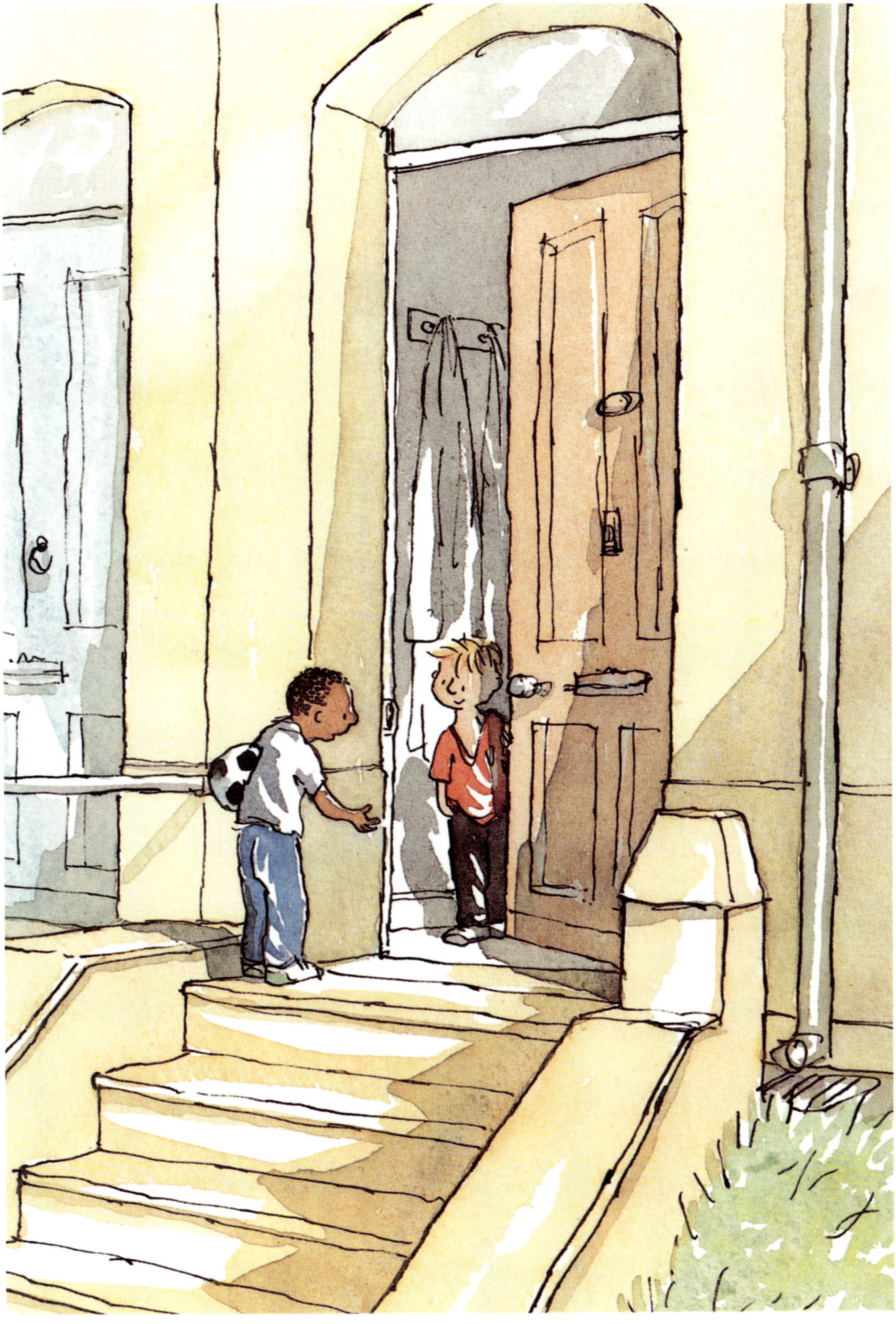

—Bueno —dijo el niño.

—Me voy al parque, mamá —gritó.

Juntos, Leon y el niño bajaron los escalones hacia la calle.

—Me llamo Leon —dijo Leon—. ¿Y tú?

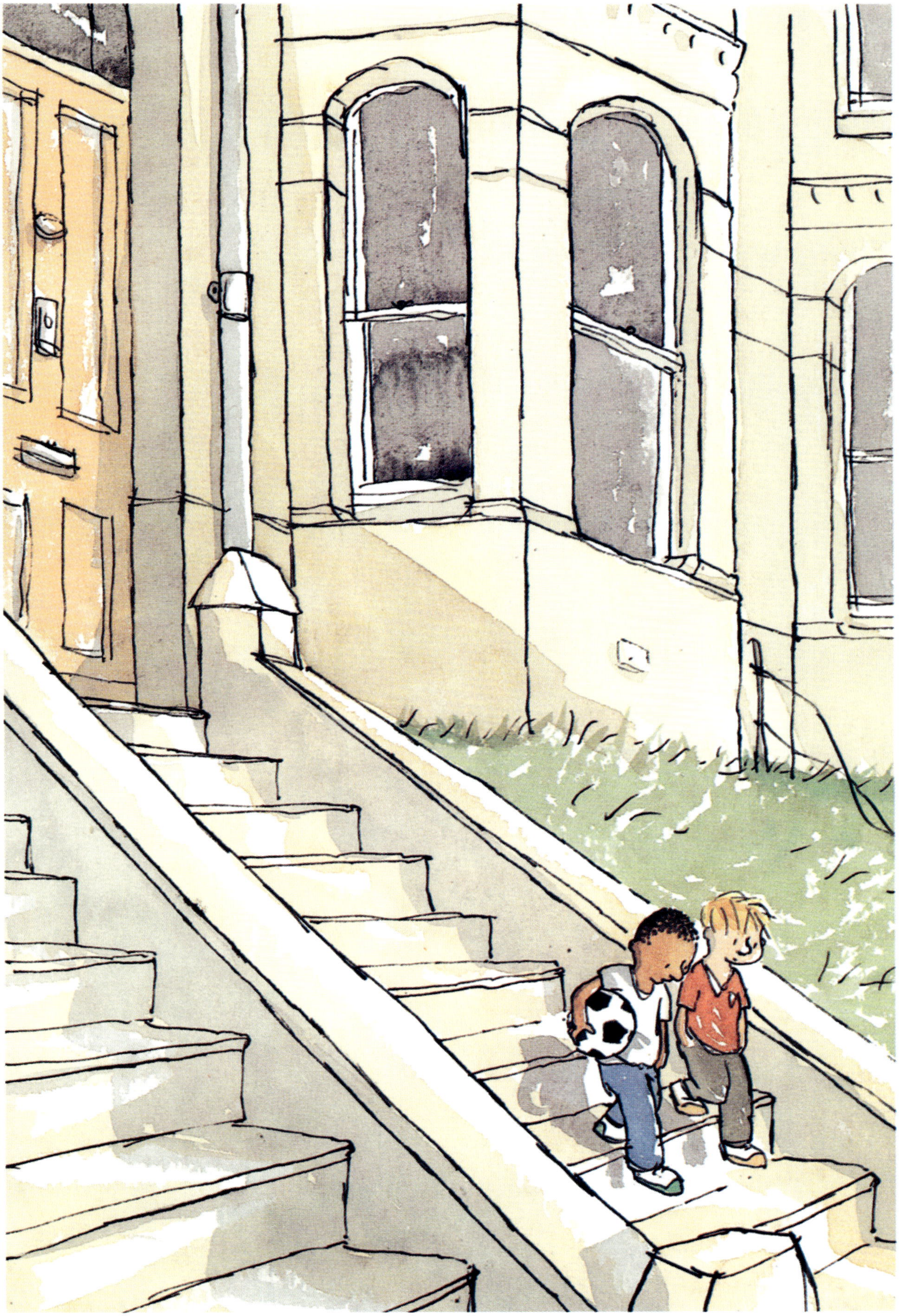

—Bob —dijo Bob.

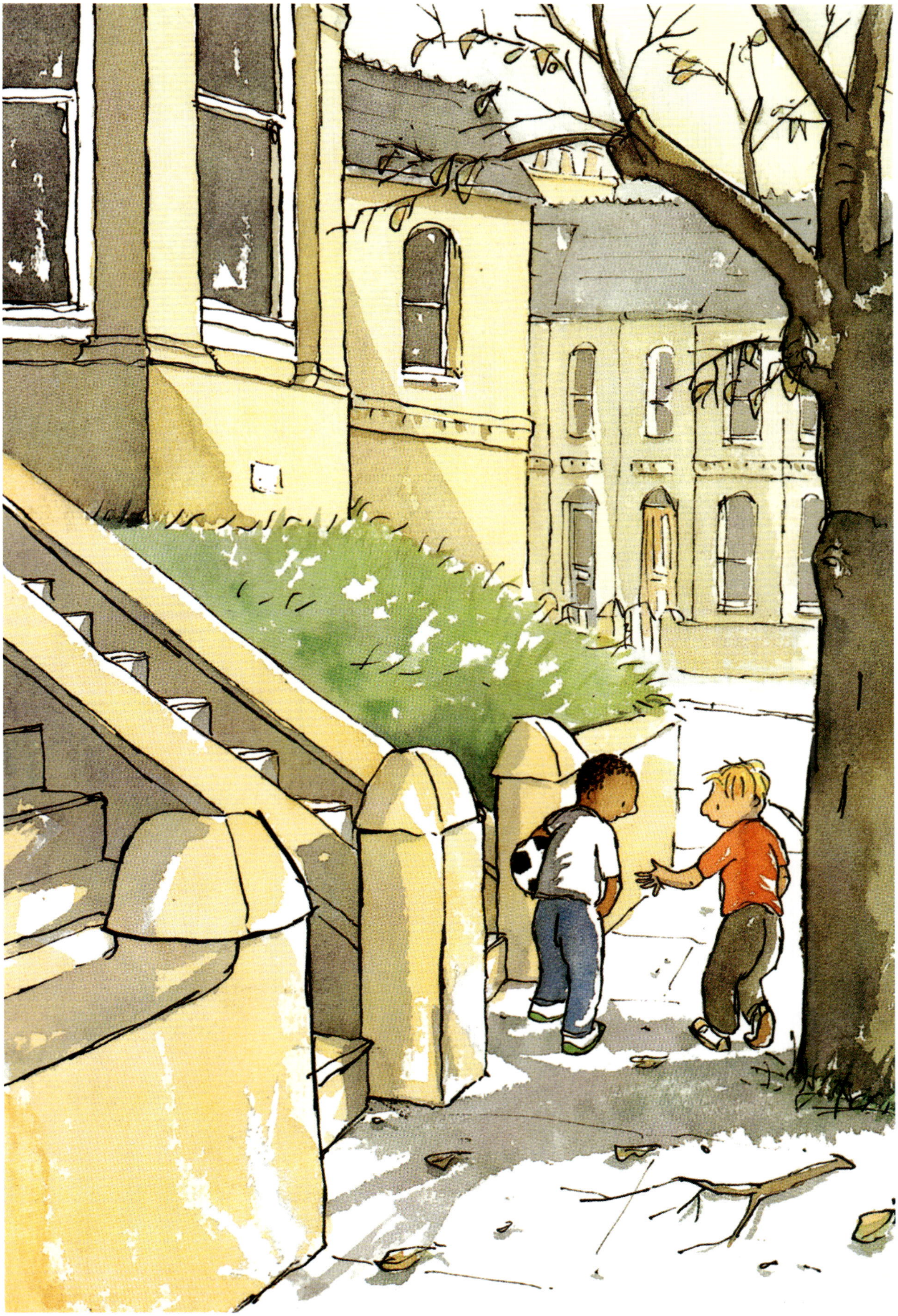

Conozcamos al autor e ilustrador

Simon James vive en Inglaterra, donde escribe libros y enseña arte a niños. El señor James tuvo catorce trabajos distintos antes de ir a la escuela de arte y hacerse autor.

Dice que le gusta que las ideas para sus libros le vengan "ellas solas".

Hacer amigos
por Eloise Greenfield

cuando yo estaba en kínder,
un día llegó una niña nueva a la clase
y la maestra le dijo que se sentara a mi lado
y como yo no sabía qué decir
empecé a mover la nariz y a hacer
cara de conejito

y ella se empezó a reír
y a hinchar los cachetes
hizo una cara muy graciosa
y yo me empecé a reír
y así
nos hicimos amigos

Reacción del lector

Hablemos

Leon iba a la escuela con Bob. Y a ti, ¿qué te gustaría hacer con Bob?

Un nuevo amigo

Inventa un mejor amigo o amiga. Explica cómo es. Dibuja a tu amigo o amiga y dale un nombre.

Artes del lenguaje

Juguemos con los camiones

A veces un nombre dice que hay más de uno.

Añade **-s** o **-es** para decir que hay más de uno.

Añade **-es** a los nombres que terminan en consonante.

Vamos a jugar con el **camión.**

Vamos a jugar con los **camiones.**

Habla

La niña de arriba invita a una amiga. Di lo que crees que dice. ¿Qué dices tú cuando invitas a alguien?

Escribe

Escribe una carta y dile a un amigo o amiga que te visite. ¿Qué le dirás para que quiera venir?

Glosario

Palabras de los cuentos que leíste

Aa

afuera   Todo lo que no está en un lugar cerrado está **afuera**.

agua   El **agua** es el líquido que forma los mares, ríos y lagos. Necesitamos beber **agua** para vivir.

ahora   **Ahora** quiere decir en este momento. **Ahora** vamos a comer.

amigo   Un **amigo** es alguien con quien te gusta estar y a quien le gusta estar contigo.

Bb

blanco   El **blanco** es un color. Papá come queso **blanco**.

burro   Un **burro** es un animal de carga que parece un caballo pequeño con orejas largas.

Cc

calle   Una **calle** es un camino para carros y personas de un pueblo o ciudad. Había muchas personas en la **calle**.

184

claro Algo **claro** es fácil de ver. También es brillante. Hace un día **claro**.

cuando Me divierto **cuando** voy al parque. Me río **cuando** me hacen cosquillas.

cuánto **Cuánto** quiere decir cantidad. ¡**Cuánto** nos reímos! ¿**Cuánto** cuesta ese libro?

Dd

dio Mi maestro me **dio** la nota. Mi abuelita me **dio** la mano.

Ee

estaba El día **estaba** bonito. Mi hermano **estaba** jugando.

Ff

felizmente **Felizmente** quiere decir con alegría. Ellas se saludaron **felizmente**.

flores Las **flores** son parte de las plantas. Las rosas y las margaritas son **flores**.

globo ■ **nube**

Gg

globo — El payaso me regaló un **globo**.

Hh

haber — Tiene que **haber** otro camino.
Debe **haber** una tienda cerca.

han — Los niños **han** llegado a clase.
Han hecho la tarea.

hecho — Hemos **hecho** un pastel. No he **hecho** nada malo.

hoja — La **hoja** es la parte de la planta que casi siempre es verde, delgada y plana.

Ll

largo — Algo **largo** mide mucho de principio a fin, o dura mucho. El camino es muy **largo**.

Mm

mirando — Ayer estábamos **mirando** la televisión. Mi mamá me está **mirando**.

Nn

nube — Veo una **nube** por la ventana.

Pp

playa La **playa** es la zona que está junto al mar. Tiene arena o piedras. Vamos a la **playa** en verano.

Qq

quién ¿**Quién** terminó la tarea? No sé **quién** llama a la puerta.

Rr

rápido Algo **rápido** pasa en poco tiempo. Ese carro es muy **rápido**.

Ss

sacapuntas Usa el **sacapuntas** del salón de clases.

semilla La **semilla** es la parte de la planta que se siembra, crece y se hace una planta nueva. Sembré la **semilla** en el jardín.

siempre **Siempre** quiere decir todo el tiempo. **Siempre** desayuno por la mañana.

sombrero ▪ **voy**

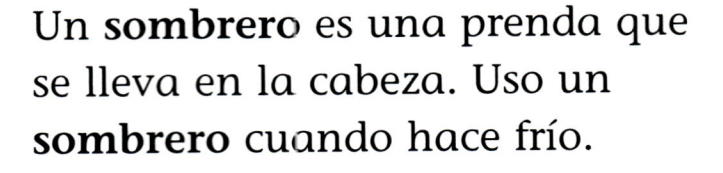

sombrero Un **sombrero** es una prenda que se lleva en la cabeza. Uso un **sombrero** cuando hace frío.

Tt

taxi Un **taxi** es un carro que te lleva a un lugar si le pagas al conductor. Mamá tomó un **taxi** para ir de compras.

Vv

ventana Puedo ver el patio por la **ventana** de mi cuarto.

viento Se necesita **viento** para volar un papalote.

voy **Voy** a la escuela todos los días. **Voy** a visitar a mi tío.

Palabras evaluadas

Un sembrado increíble
El jardín
blanco
burro
han
hoja
largo
semilla

Florencio, el muñeco amistoso
Julieta y su caja de colores
afuera
calle
flores
hecho
mirando
ventana

El rascacielos y el globo
¿Vives en un nido?
amigo
globo
quién
rápido
sacapuntas

La playa de soñar
El cumpleaños de Sulín
cuánto
haber
playa
siempre
sombrero

Clementino, Clotilde y Clodoveo
La flor silvestre
ahora
claro
estaba
felizmente
nube

Juanita y Alex
Leon y Bob
agua
cuando
dio
taxi
viento
voy

Acknowledgments

Text
Page 18: Adaptation of "El jardín" from *Sapo y Sepo, inseparables* by Arnold Lobel. Translated by Pablo Lizcano, pp. 20-31. Copyright © 1971, 1972 by Arnold Lobel. Copyright © 1980 by Ediciones Alfaguara, S. A. Copyright © 1987 by Altea, Taurus, Alfaguara, S. A. Reprinted by permission of Santillana, S.A. and HarperCollins Publishers, Inc.
Page 31: "Surco/Field Row" from *Gathering the Sun* by Alma Flor Ada. Text copyright © 1997 by Alma Flor Ada. Reprinted by permission of Lothrop, Lee & Shepard Books, a division of William Morrow & Company, Inc.
Page 42: *Julieta y su caja de colores* by Carlos Pellicer López. Copyright © 1993 by Carlos Pellicer López. Reprinted by permission.
Page 132: "The Snow Glory" from *Henry y Mudge con barro en el rabo* by Cynthia Rylant, pictures by Suçie Stevenson, translated from the English by Alma Flor Ada. Text copyright © 1987 by Cynthia Rylant. Illustrations copyright © 1987 by Suçie Stevenson. Translation copyright © 1996 by Simon & Schuster Children's Publishing Division. Reprinted by permission of Atheneum Books for Young Readers, Simon & Schuster Children's Publishing Division.
Page 160: *Leon and Bob* by Simon James. Copyright © 1997 by Simon James. Reprinted by permission of Candlewick Press, Inc., Cambridge, MA.

Page 181: "Making Friends" from NATHANIEL TALKING by Eloise Greenfield. Copyright © 1998 by Eloise Greenfield. Reprinted by permission of Scott Treimel New York.

Artists
Maryjane Begin, cover, 8-9
Meg Aubrey, 10 - 17
Arnold Lobel, 18 - 30
Glen T. Strock, 31
Mary Collier, 32, 33
C.D Hullinger, 34 - 41
Carlos Pellicer López, 42 - 63
Liisa Chauncy Guida, 64, 124, 125
Bari Weissman, 65
Sofía Balzola, 66 - 71
Lee Lee Brazeal, 72- 89
Anthony Lewis, 90, 91
Debbie Tilley, 92 - 97
Wong Herbert Yee, 98 - 122
María Eugenia Jara, 123
Ivar Da Coll, 126 - 131
Suçie Stevenson, 132 - 148
Kristin Kest, 151
Michele Noiset, 152 - 159
Simon James, 160 - 180
Jan Spivey Gilchrist, 181
Stephan Lewis, 183

Photographs
Page 7 Richard Hutchings for Scott Foresman
Page 10 Courtesy of the family, Photo: Lifetouch
Pages 13, 15, 17 Courtesy of the family
Page 30 Courtesy HarperCollins
Page 64 Allan Penn Photography for Scott Foresman
Page 89 Jim Markham for Scott Foresman
Page 124 Allan Penn Photography for Scott Foresman
Page 148 © Carlo Ontal from *Best Wishes* by Cynthia Rylant, Courtesy of Richard C. Owen Publishers, Inc., Katonah, NY
Page 149 Courtesy Suçie Stevenson
Page 180 Courtesy Candlewick Press
Page 186 PhotoDisc, Inc.